DE LA FAUSSE DIRECTION

DONNÉE AUX

AFFAIRES D'ALGER

PAR

LE SYSTÈME D'EXPÉDITIONS.

PARIS,

DELAUNAY, LIBRARE, AU PALAIS-ROYAL.

Janvier 1836.

DE LA FAUSSE DIRECTION

DONNÉE AUX

AFFAIRES D'ALGER,

PAR LE SYSTÈME D'EXPÉDITIONS.

On a presque toujours méconnu les véritables intérêts de nos possessions d'Alger. Des erreurs systématiques ont quelquefois succédé à l'absence de tout système, de fausses mesures à des demi-mesures. On a fait de l'agiotage, de la spéculation, quand il fallait de l'industrie ; on a oublié que l'agriculture et le commerce doivent être notre but en Afrique et la guerre une fâcheuse nécessité seulement. Enfin chaque général a voulu y avoir sa journée d'Austerlitz, et chaque spéculateur sa mine d'or.

Au milieu de ce chaos, l'opinion publique n'a eu pour guide que des données insuffisantes et des renseignemens inexacts. Souvent elle a mal compris les difficultés, d'autres fois elle a imputé aux difficultés ce qui était tout simplement le résultat d'une marche détestable. Puis, pour motiver tant de dépenses inconsidérées et sans but, on a flatté l'orgueil national : de grands bulletins ont signalé de petits combats où tout le monde s'est distingué ; jouets d'enfans, peu dignes, il faut en convenir, d'une époque qui a vu la gloire de la grande armée et ses mémorables batailles.

Cependant, malgré les apparences sous lesquelles on déguise une vérité assez triste, la situation de la colonie est aujourd'hui fort précaire et son avenir incertain. Bientôt il faudra choisir entre l'abandon du système dispendieux qui a été adopté et celui de la conquête.

On a vu dans l'expédition de Mascara une nécessité que nous ne voulons pas contester : le roi n'a pas craint d'exposer les jours de son jeune et brave fils, ce qui était beaucoup trop sans doute ; mais lorsqu'il s'agit de gloire nationale, le sentiment qui engage nos princes à tirer l'épée du fourreau ne peut qu'exciter les sympathies de la France.

Maintenant, l'honneur de nos armes est réhabilité en Afrique. Qu'avons-nous encore à venger, pour qu'il faille aller à Trémécen secourir les Coulouglis, qui sont appelés nos alliés ? Il faudra donc laisser un corps d'occupation pour garder ces prétendus alliés dans Trémécen, car une simple promenade militaire ne saurait changer leur position vis-à-vis des Arabes ; et, d'un autre côté, l'on ne peut pas amener ces Coulouglis à Oran, comme on a amené les Juifs de Mascara. Peut-être considère-t-on Trémécen comme une forteresse dont Abd-el-Kader pourrait se rendre maître et faire le nouveau point d'appui de sa domination. Mais si Abd-el-Kader a encore du pouvoir sur les Arabes, il n'a nul besoin d'une ville pour le conserver, et s'il ne peut le faire qu'à l'abri de quelques murailles, c'est un ennemi bien peu redoutable. D'ailleurs cet émir, à défaut de Mascara et de Trémécen, est encore maître d'autres villes, par exemple de Miliana, où il a un aga, et qui, plus rapprochée d'Alger, le met plus à portée de nous nuire.

Après la prise d'Alger, le gouvernement avait le choix de deux moyens pour l'occupation de la régence.

L'un, embrassant la question d'un point de vue élevé, était d'adopter pour ce pays une politique ferme et une organisation sur de larges bases. Il fallait alors profiter du premier état de stupeur où la chute d'Alger avait jeté les populations, pour assurer notre autorité sur toutes les provinces qui avaient reconnu l'autorité du dey : en s'emparant à la fois de tous les ports et points principaux, en maîtrisant fortement les indigènes, nous aurions attiré à nous tout le commerce, et la régence devenait alors réellement une province française.

Ayant ainsi détruit tous les foyers de résistance, on aurait pu s'occuper plus paisiblement des moyens de répandre la civilisation. Alors il était aisé d'organiser la défense contre les tribus insoumises et de donner par conséquent une sécurité complète aux travailleurs.

La colonisation assise sur de telles bases fût devenue facile ; l'agriculture et le commerce trouvant une vaste carrière aurait pu s'y développer, et l'on aurait vu sans doute affluer de tous les points de l'Europe des bras et des capitaux ; enfin nos mœurs, s'infiltrant peu à peu parmi les indigènes, la France, enrichie de nombreuses populations, eût trouvé un vaste débouché pour le produit de ses manufactures, en même temps qu'elle en aurait tiré une immense quantité de matières premières.

Mais pour obtenir de tels résultats, il eût fallu des sacrifices considérables, immédiats, rapprochés, et surtout une volonté ferme et persévérante.

Cette occupation générale de la régence ne s'accordant pas avec les exigences du budget, le seul moyen qui nous restât pour tirer parti de notre conquête, était d'adopter un système de colonisation progressif ; il fallait ne pas envahir plus de territoire que nos moyens ne nous permettaient d'en bien garder, que nos besoins ne l'exigeaient ; ne pas chercher à faire de l'autorité sur les points que nous ne pouvions atteindre. Enfin, nous devions nous attacher à demander au sol par la culture tout ce qu'il est susceptible de produire, et en même temps multiplier et assurer pacifiquement nos relations commerciales avec les indigènes.

En se restreignant d'abord à la colonisation du massif

d'Alger et de la plaine de la Mitidja ; en ne considérant Bône et Oran que comme des stations navales et des comptoirs, en ne laissant que les garnisons strictement nécessaires dans ces places, on se réservait l'immense avantage de pouvoir, sans augmenter les dépenses, concentrer sur le point colonial d'Alger un corps de troupes assez considérable pour protéger efficacement la colonisation.

De la sorte, et si l'on calcule sur un effectif de vingt-deux mille hommes, on doit compter sept mille hommes pour les garnisons de Bône et d'Oran ; il serait donc resté quinze mille hommes à Alger. Avec ces quinze mille hommes, il eût été facile de former plusieurs camps dans la Mitidja sans dégarnir Alger ni le Sahel, et l'on aurait pu avoir en outre trois ou quatre mille combattans toujours prêts à se porter partout où les événemens l'eussent exigé. Ainsi, réellement redoutables sur ce point, nous n'y eussions trouvé aucun obstacle, et notre action eût été bien plus forte qu'elle ne l'est devenue avec le mode d'éparpillement qui a été suivi, et qui nous a montré aux Arabes toujours au-dessous de nos prétentions.

Les expéditions que paraît projeter M. le maréchal Clauzel, les nominations qu'il a faites de différens beys à Médéah et à Cherchel, tendraient au système d'occupation générale dont nous avons parlé en premier lieu. Mais ce système s'accordera-t-il avec les économies tant réclamées par les chambres et les réductions du budget d'Alger ? Si ces expéditions tiennent à un nouveau plan ; si l'on a l'intention d'allouer largement les fonds que réclamerait son exécution ; si enfin l'on consent à augmenter l'armée d'Afrique, nous n'aurons plus rien à dire. Mais si, au contraire, il n'en est point ainsi, et qu'on n'ait pas les moyens de poursuivre, il est permis de regarder toutes ces démonstrations comme de brillantes inutilités, et de leur préférer, dans l'intérêt de la colonie, des mesures mieux appropriées à ses besoins.

Nous ne sommes point surpris qu'un illustre maréchal aime les opérations militaires, c'est chose naturelle. Mais lorsqu'elles sont inutiles à notre sûreté et nuisibles à notre intérêt, tout homme sensé doit se demander ce que l'on prétend faire de la régence. Si c'était un Champ de Mars, le but serait rempli ; nos troupes y ont souvent prouvé leur bon esprit, et le courage qu'elles déploieraient partout ailleurs ; mais le jeu de la guerre étant un peu trop cher pour ceux qui le paient, l'Afrique ne peut figurer sur le budget qu'à titre de colonie.

Or, ce mot, si nous le comprenons bien, entraîne, avant toute chose, l'idée d'un travail assidu et de bonnes relations dans le pays où l'on veut s'établir, si l'on n'en est pas entièrement maître.

La colonisation d'Alger, au milieu de peuples barbares, est une affaire de tact, de temps et d'argent. Une administration sage, conciliante et ferme, uniquement occupée du bien public, peut en hâter le développement en prenant pour but constant de ses efforts des rapports fréquens avec les indigènes. Ne pouvant aller à eux, il faut les attirer à nous ; cette tactique pour étendre notre influence est plus certaine que l'emploi de la poudre à canon, moyen toujours peu efficace de se faire des amis, et de réduire les dépenses.

Notre conduite avec les différentes populations musulmanes doit se régler suivant la situation morale et politique de chacune d'elles. Ce sont principalement les Turcs, auxquels se rattachent les Coulouglis, les Arabes, et enfin les Maures (1).

---

(1) Ces derniers, habitant les villes, sont à surveiller et non à craindre ; ils sont peu habitués aux armes, mais assez intrigans. Ceux de la classe supérieure sont ruinés par l'occupation française qui a fait hausser le prix des denrées, et détruit la piraterie source de leurs richesses. Plusieurs sont réduits aux expédiens pour vivre ; ils s'expatrient peu à peu, et finiront par disparaître de nos possessions.

Achmet, bey de Constantine, est, à l'orient d'Alger, le représentant de la domination turque depuis l'expulsion du dey ; comme Abd-el-Kader est devenu à l'ouest l'expression de la puissance arabe ; avec cette différence néanmoins que la dernière est vivace, ascendante, et qu'elle se rattache au sol, tandis que la domination turque est en décadence, n'a aucunes racines dans le pays, et n'y rencontre aucune sympathie. Achmet-Bey, d'ailleurs, d'un caractère cruel et avare, est peu propre à lui redonner une grande influence. Après le renversement du dey, il ne comprit pas l'importance qu'il y avait pour lui de réunir tous les Turcs sous ses drapeaux ; il sait encore moins rallier les indigènes à sa cause au nom de la religion, et chaque jour ses exactions lui suscitent de nouveaux ennemis. Déjà plusieurs tribus arabes refusent de lui obéir, et un grand nombre de Turcs, ne pouvant supporter sa tyrannie, se sont séparés de lui pour s'établir sur divers points. Beaucoup sont venus se mettre à notre solde, et nous ont fidèlement servi contre les Arabes qu'ils détestent.

Nous devons donc nous servir des Turcs dans une foule de circonstances où l'on ne peut employer des Européens. Cette confiance ne doit point être aveugle, et il faut les compromettre avec les Arabes, de telle sorte qu'ils n'aient de salut dans le pays que par nous. Leur sort étant ainsi lié au nôtre, ils nous seront fort utiles ; mais cet intérêt ne peut être de nature à nous faire faire des expéditions comme celle de Trémécen.

Abd-el-Kader, jeune, ambitieux et brave, est, comme nous l'avons dit, le chef arabe le plus influent. Sa conduite politique et ses idées en font réellement un homme à part, auquel nul autre parmi les indigènes, ne saurait être comparé. Entraînant avec lui une grande partie des populations de l'ouest, et même de l'est, il peut nous être ou fort utile, en facilitant nos relations avec elles, ou fort nuisible en y mettant obstacle. C'est ce que l'on n'a pas toujours compris ; et cependant, nous le disons avec conviction (1), n'ayant plus de maison à Mascara, il ira porter sa tente ailleurs, il n'en sera pas moins un marabout saint et vénéré, et sa parole ne sera pas moins puissante pour prêcher la guerre sacrée, et soulever des flots d'Arabes fanatiques contre les chrétiens. Alors il empêchera bien, comme il nous en menaçait, que *les oiseaux même arrivent chez les Français*.

Cette autorité n'est pas facile à détruire, puisqu'elle a sa base dans des tribus nombreuses et guerrières, dont une grande partie a des habitudes nomades, et qui trouvent un refuge assuré dans ces immenses territoires, où nulle armée européenne ne saurait les poursuivre. Pour se défaire d'un tel homme, le gouvernement turc aurait employé des moyens qui ne sont point à notre usage ; mais nous qui ne pouvons ni le détruire ni l'atteindre, le mieux était de le gagner et de le mettre sous notre dépendance par des moyens politiques, avant de lui avoir révélé le sentiment de sa force.

Notre organisation militaire, essentiellement solide, calculée pour le choc, est fort rationnelle sans doute dans une guerre, contre des Russes ou des Allemands, et dans un pays offrant des ressources et des bons chemins ; mais elle a son côté défectueux lorsqu'il faut agir contre ces nuées

______

(1) La destruction de Mascara, ville sainte, une des conquêtes, si rares en ces contrées, de la civilisation sur la barbarie, est une faute énorme. Elle rabaissera, aux yeux des Arabes, cette philanthrophie dont nous faisons parade, et dont les leçons se manifestent par l'incendie ; elle leur rendra plus chère la vie errante, qui assure mieux leur indépendance, et donnera plus d'intensité à leur fanatisme. Si l'on voulait priver Abd-el-Kader d'un point d'appui, on devait se contenter de raser les fortifications, de détruire tout moyen de défense militaire (destruction que précisément l'on ne s'est pas donné le temps d'accomplir) ; et l'on a brûlé des maisons, quand on engage les Arabes à bâtir, à devenir un peuple agriculteur, à contracter des besoins nouveaux.

d'Arabes, dont la légèreté et l'éparpillement forment la tactique, auxquelles la plaine est ouverte et tout chemin praticable et libre ; qui ont la facilité de s'échapper, de revenir, de combattre quand l'occasion est favorable, ou de se retirer sans pouvoir jamais être atteints. On les a comparés avec raison à des essaims de moucherons qui harcèlent le lion sans avoir à redouter sa colère, et finiraient par le dévorer, s'il avait l'imprudence de s'endormir devant ces ennemis en apparence si faibles.

D'ailleurs, nos armées ont une foule de besoins impossibles à satisfaire dans un pays sans routes tracées, souvent malsain, et manquant d'eau sous un ciel de feu, n'offrant aucun abri pour les malades, aucunes ressources pour suppléer au manque d'approvisionnemens. C'est dans ces obstacles que l'Arabe trouve sa sûreté, comme il tire sa force de son extrême sobriété et de l'habitude du climat brûlant qui le vit naître.

Ainsi, avec un ennemi qui combat de loin, dont la force augmente en fuyant, tandis que la nôtre diminue en le poursuivant inutilement, nous devons renoncer, nous autres Français, au rôle qui nous convient à la guerre, celui d'agresseurs. Et l'on comprend pourquoi nos soldats, tout braves qu'ils sont, peuvent parfois s'étonner et se laisser battre par ces Bédouins, sans consistance, mal armés, presque sans munitions ; mais sachant remplacer tout ce qui leur manque par un admirable instinct de la guerre qui leur est propre.

En résumé, la difficulté de conserver une ligne d'opérations, l'embarras permanent du matériel à faire suivre, donne à nos troupes un désavantage marqué dans toute expédition lointaine contre les Arabes, et devrait nous engager à nous en abstenir. Il ne faut généralement en attendre que des pertes considérables d'hommes et d'argent, sans aucune compensation de gloire ou de profit. Il en est tout autrement d'une guerre de positions : là, nous reprenons toute notre supériorité, et nous sommes inexpugnables à l'abri de postes, judicieusement placés. Les Arabes n'ont jamais pu s'emparer d'un seul de nos blockaus, et, de notre côté, nous n'avons jamais fait avec un succès réel une agression sur leur territoire.

On aurait donc dû établir en principe de ne s'avancer dans l'intérieur du pays que pour y former les établissemens jugés nécessaires ; et, dans ce cas, de ne le faire que progressivement, en s'échelonnant avec force par des postes retranchés, lorsqu'on se porte en avant, et en se couvrant par des camps, lorsque l'on veut s'établir (1). De cette manière, on a toujours ses communications assurées, et l'on évite l'inconvénient des marches rétrogrades. Cette guerre méthodique et de positions nous offre tous les avantages que nous refuse la guerre de marche (2); c'est le seul moyen de pénétrer dans le pays et de le maîtriser par la force, quel que soit le nombre des ennemis à combattre.

Mais ce n'est point pour faire des conquêtes que nous avons une armée en Afrique ; notre but est essentiellement d'y protéger le développement de la civilisation, pour nous procurer des avantages commerciaux avec les indigènes. Il s'agissait donc d'établir avec eux des relations de bon voisinage, et de demander à un sol fertile tout ce qu'il peut offrir; nous devions borner là toutes nos prétentions pour le moment, et ne pas nous lancer dans des expéditions hasardeuses, dans des occupations inutiles et dispendieuses. Le gouvernement voulant réduire les frais de la colonie, ne saurait vouloir adopter un système d'occupation générale

(1) Cette méthode de guerre fut celle des Romains contre tous les peuples barbares, et sur cette même côte d'Afrique, c'est ainsi que furent soumis les Numides de Jugurtha.

(2) Nous ne donnons pas le nom d'expéditions à ces courses, ayant pour but le châtiment de quelques tribus, parce qu'elles ne doivent être faites qu'à portée de nos postes, sans gros bagages, et de manière à être terminées dans l'espace d'une nuit, avant que les Arabes aient eu le temps de se rassembler en force. Ce ne doit être enfin que de simples *houras*, dont le succès dépend de la promptitude et du secret.

si peu d'accord avec les économies demandées. La dissémi-
nation de nos moyens actuels ne peut que nous rendre
faibles partout et forts nulle part, inquiéter les populations
et les faire devenir hostiles. La raison d'argent, aussi bien
que l'éventualité possible d'une guerre maritime, doit donc
faire préférer une position plus compacte dans le territoire
nécessaire à la culture ; nous y gagnerons de la solidité
dans nos relations ; nous pourrons mieux nous défendre,
et même, au besoin, nous passer pour un temps des secours
de la métropole.

La marotte de bien des gens, qui se croient des vues
profondes, est d'appliquer aux Arabes ce vieil axiome ma-
chiavélique : *divisez pour régner*. Sans nous croire aussi
habiles que ces partisans de la discorde, nous la jugeons
ici, au contraire, tout à fait préjudiciable à nos intérêts.
Que les Turcs, pendant leur domination dans la régence,
aient vu les choses de cette manière, qu'ils se soient con-
stamment opposés à la réunion des Arabes, cela était très
conséquent. Que les deys aient aperçu tout ce que cette
réunion d'un peuple guerrier, sous un chef brave et habile,
pouvait avoir de menaçant pour eux ; qu'ils aient compris
comment le manque d'unité seul pouvait rendre possible leur
domination sur les tribus, cela ne doit pas surprendre ; le
simple bon sens devait l'indiquer, et l'instinct de ce gouvernement du sabre, qui réduisait tout à la force maté-
rielle, lui avait fait comprendre que n'ayant aucune
supériorité morale quelconque, son existence avait pour
condition nécessaire le manque d'union dans les populations ; c'était le seul moyen d'en arracher les contributions
annuelles.

Il n'en est pas ainsi de la puissance française en Afrique. Il ne s'agit pas pour nous de contributions à recevoir,
les Arabes n'en payant aucune. Il s'agit de commerce, d'é-
changes et de culture. Les avantages que tirait le gouvernement du dey de sa possession, ne pouvaient s'obtenir que

par la discorde et la guerre , tandis que ceux que nous réclamons ne s'obtiennent que par l'union et la paix. Voilà ce qu'on ne veut pas comprendre.

Notre force d'action doit être ici dans notre supériorité sociale, plus encore que dans notre organisation militaire; elle doit être encore plus dans nos arts et notre industrie que dans notre matériel de guerre : ce sont nos mœurs et nos arts qui doivent nous donner sur les Arabes un ascendant réel. L'exemple de tous les siècles prouve que, pour triompher de la barbarie, il faut la mettre en contact avec la civilisation. Ce fut la civilisation romaine qui triompha de notre Gaule que n'avaient pu dompter les légions de César. Ce moyen est plus certain et même plus prompt que l'emploi de la force.

Abd-el-Kader, facilitant les relations commerciales avec les Français , faisant la police de toutes ces tribus vagabondes et pillardes qui empêchaient auparavant les denrées d'arriver dans nos marchés ; respecté partout au point qu'avec son sauf-conduit un Européen pouvait sans danger parcourir le pays dans tous les sens, Abd-el-Kader était l'homme nécessaire à la civilisation, c'était l'instrument dont nous devions nous servir pour y arriver. Sans doute il fallait l'observer, le contenir; il fallait même travailler à réduire sa puissance, et cela aurait pu se faire; mais on devait attendre le moment opportun. Au pis aller, ce chef aurait cessé de nous gêner, lorsque les relations qu'il favorisait, adoucissant les mœurs des Arabes , auraient effacé les préventions et émoussé le fanatisme. Alors, dans notre dépendance par des besoins nouveaux, et le bien-être résultant d'un commerce actif , les populations eussent tout naturellement échappé à l'émir.

D'ailleurs cette puissance croissante, dont on a fait tant de bruit, était-elle aussi menaçante pour nous qu'on a voulu le dire? Toutes les tribus reconnaissant jusqu'à un certain point l'autorité des marabouts, qui forment une espèce d'aristocratie, les Arabes leur obéissent comme à des chefs naturels. Ces tribus sont continuellement entre elles dans un état d'hostilité que la moindre circonstance provoque ; mais non moins fanatiques que turbulens, tous ces hommes, aujourd'hui ennemis, se réuniront demain pour marcher contre nous, si un saint marabout vient leur prêcher la guerre sainte. Ce désavantage, que nous donnent leurs idées religieuses, n'existait point pour les Turcs. Musulmans comme les Arabes, ils ne redoutaient rien tant qu'une réunion stable. Nous, au contraire, qui avons à craindre ces guerres religieuses, nous devons désirer l'établissement permanent d'une espèce d'ordre légal qui garantisse la tranquillité. Abd-el-Kader pouvait être le moyen de cet ordre, dont après tout on avait fait l'essai. Certes, il n'est ni moins avide ni moins gênant que les autres chefs arabes; mais encore valait-il mieux avoir à traiter avec celui qui les dominait tous, qu'avec cent autres, ayant autant de prétentions, et ne pouvant pas être aussi utiles.

Ce que nous venons de dire de notre situation politique vis-à-vis des populations de la régence fera comprendre toute l'étendue des fautes qui ont été commises, et combien la marche suivie maintenant est peu faite pour assurer notre prospérité dans ce pays, ou seulement notre tranquillité.

Plusieurs choses dès le principe ont manqué à cette prospérité. Chacun sent qu'il faut mettre en première ligne le manque de stabilité du gouvernement de la régence, l'incertitude de sa conservation. Mais l'absence d'un système d'occupation, basé sur les exigences du budget et sur l'intérêt réel de la colonisation, ne lui ont pas été moins funestes.

Le renouvellement continuel des gouverneurs a mis ceux dont les vues étaient sages dans l'impossibilité de poursuivre les améliorations préparées par eux. D'un autre côté, l'incertitude où l'on fut long-temps sur la conservation d'Alger , arrêta les colonisateurs, entrava les entreprises, et laissa sans force la direction des affaires.

Cette incertitude, agissant sur les indigènes , a encouragé leur résistance ; et ceux même qui eussent été les plus disposés à se soumettre à nous , craignirent d'embrasser une cause qui pouvait les livrer ensuite aux ressentimens de leurs compatriotes. Cet état de choses avait donc l'influence la plus fâcheuse sur nos rapports avec l'intérieur.

Si les Arabes , fatalistes comme tous les musulmans , eussent été bien persuadés que nous conserverions la régence, et que notre domination y remplaçait tout de bon celle des Turcs, ils se seraient soumis à ce qu'ils auraient cru la volonté de Dieu , puisque la victoire était restée aux chrétiens.

Une autre conséquence également grave de l'instabilité, fut le peu de soin que l'on mit à conserver les droits de l'état sur les localités convenables pour l'installation des troupes, et sur les terrains nécessaires aux cultivateurs appelés dans la colonie. Après la prise d'Alger, tout ce qui était Turc, pressé d'évacuer le territoire, chercha à se défaire de ses propriétés. Dans le premier désordre, et surtout dans un pays mal organisé, il fut loisible à un grand nombre de gens de vendre ce qui ne leur appartenait pas. Le chose est facile à concevoir, puisqu'il ne fallait que deux témoins pour attester que tel individu possédait telle propriété, et qu'il avait droit de la vendre. Avec quelques piastres on trouvait des témoins, et quelques autres piastres suffisaient pour devenir acquéreur. Encore actuellement, les Maures eux-mêmes, par besoin ou par crainte de l'avenir, vendent beaucoup d'immeubles; mais comme la religion défend ces sortes de ventes à des chrétiens, ils éludent la loi en cédant leur propriété moyennant une rente perpétuelle , et un pot-de-vin payé comptant. C'est ainsi que beaucoup d'Européens , sans de grandes ressources, ont pu tout à coup acquérir des immeubles considérables ; c'est ainsi que beaucoup de propriétés, appartenant au domaine public, ont passé à différens particuliers, par des transactions d'une légalité au moins douteuse.

Cet accaparement des propriétés donne lieu tous les jours à une foule de discussions et de réclamations, et il a eu les plus fâcheuses conséquences. Il est préjudiciable au trésor qui se trouve souvent aujourd'hui dans la nécessité d'acquérir ou de louer des locaux pour le service des troupes ; de sorte que le soldat n'a pas la place de sa tente sur une terre que vient de conquérir son épée.

Deux espèces d'acquéreurs se sont partagé la plupart des terrains cultivables qui, par leur position à portée de nos avant-postes, offraient de la sécurité aux travailleurs. Les uns, riches et éclairés, c'était le petit nombre, avaient des idées judicieuses sur l'appropriation et la culture de leurs terres; mais l'état précaire de toutes choses les empêcha d'entreprendre de grands travaux, et de former les associations nécessaires pour seconder le gouvernement dans ses mesures pour l'assainissement de certaines localités.

Les autres acquéreurs ayant acheté tout simplement pour revendre, n'ayant pas les moyens de faire valoir leurs terres, les laissaient presque toutes en friche ; ils ne s'occupaient qu'à revendre avec bénéfice, tandis que pour attirer des cultivateurs dans la colonie, le gouvernement aurait dû se réserver les moyens de leur concéder des terres à bas prix. Les colons qui venaient d'Europe ne pouvaient donc qu'en acheter, et en acheter de seconde main, à des prix très élevés. Réduits alors au rôle de fermiers ou de valets, des familles entières ont trouvé la misère et l'abandon sur cette terre d'Afrique qui pouvait leur donner l'abondance. Aussi, l'exemple des premiers émigrans a-t-il eu peu d'imitateurs.

Par suite de ces mauvaises dispositions, au lieu de cultivateurs utiles et laborieux, on vit surgir à Alger une foule de brocanteurs, de petits marchands spéculant sur les besoins de l'armée; de nombreux cafés, des cabarets s'établirent de toutes parts, et cette population d'Européens, que l'on nommait colons, s'accrut énormément.

Pendant long-temps, l'administration d'Alger s'est ressentie de son état précaire et l'absence de toute direction fixe. Chacun des généraux qui se succédèrent s'attacha peu à marcher sur les erremens de son prédécesseur; leur renouvellement fréquent fit que beaucoup de mesures arrêtées restèrent sans exécution, beaucoup de projets ébauchés. Il n'y avait nul ensemble, nulle unité dans la politique, ni dans les opérations militaires; il en est résulté une infinité d'abus des plus graves. Un coup d'œil jeté sur la marche des différentes administrations qui se sont succédé fera mieux connaître tous ceux qui ont signalé notre présence en Afrique, et les véritables causes du peu de résultats que présente la colonisation après plus de cinq années.

Le général Clauzel, qui prit le commandement après le départ de M. de Bourmont, trouva les Arabes sous l'influence de leur récente défaite, et jugea le moment favorable pour établir notre influence de l'autre côté de l'Atlas. Il voulut y parvenir en nommant, au beylick de la province de Titerie, un Maure qui avait donné quelques garanties aux Français; ce Maure se nommait Ben Omar, et appartenait à une ancienne et influente famille d'Alger.

En conséquence, le général Clauzel, à la tête de cinq ou six mille hommes, se porta sur Médéah, en ayant le soin de s'échelonner par deux bataillons laissés à Blida. Il franchit, sans de bien grandes difficultés, le petit Atlas, installa le nouveau bey à Médéah, laissa auprès de lui environ quinze cents hommes de troupes françaises, et rentra dans Alger sans obstacles. Mais durant son absence les Kabaïles, descendus en foule des montagnes , avaient attaqué les deux bataillons laissés à Blida , et peu s'en était fallu qu'il ne fussent entièrement massacrés.

Les Arabes, n'avaient mis d'abord aucun obstacle à l'installation de Ben Omar, parce qu'ils pensaient que toutes les troupes resteraient pour le soutenir ; mais ayant vu le général rentrer à Alger avec la plus grande partie de ses forces, ils devinrent menaçans , et bientôt le nouveau bey, hors d'état de résister, réclama avec les plus vives instances des secours pour sortir de l'aventureuse position qu'il avait acceptée. Dès lors il devint évident qu'on n'aurait pas dû faire de l'autorité sans un point d'appui (1).

Le général Berthezène, qui avait remplacé le général Clauzel, ne pouvait laisser le détachement de Médéah dans la fâcheuse position où il se trouvait. Il passa donc à son tour l'Atlas, à la tête de quatre ou cinq mille hommes, et alla recueillir le malheureux bey qu'avait fait son prédécesseur. Mais malgré la promptitude qu'il mit à repasser les montagnes, les Kabaïles s'étaient déjà rassemblés en assez grand nombre pour mettre la colonne française dans une position critique. Elle fut poursuivie jusqu'aux portes d'Alger (2). En un mot , nous perdîmes dans ces déplorables expéditions beaucoup d'hommes et de matériel , et presque tout l'ascendant que nous avaient donné nos premières victoires.

(1) Cette nomination d'un bey à Médéah nous paraît être la première œuvre d'un système qui ne s'accorde , ni avec nos ressources, ni avec notre position en Afrique. Si le nouveau dignitaire avait pu se soutenir avec le seul secours de ses partisans, on pourrait concevoir l'intérêt qu'on aurait eu à le mettre dans notre dépendance. Puisqu'il n'en était point ainsi , c'était se donner , pour le seul plaisir de le maintenir, une charge fort pesante, et, dans ce cas , l'isolement d'un détachement au-delà de l'Atlas , était une témérité qui aurait pu devenir funeste.

(2) Les pertes que nous fîmes dans cette fatale retraite ne firent pas de bruit à Paris : mais elles ne furent pas moins considérables.

Enhardis par leurs succès, les Arabes envahirent le Sahel; on fut obligé de les en chasser pied à pied. Ce fut alors que le général Berthezène, comprenant la nécessité d'appuyer chacun de nos pas, en avant, décida la formation de divers camps retranchés. Cette marche prudente nous rendit une partie des avantages que les expéditions nous avaient fait perdre, et l'on parut enfin convaincu que des avantages solides ne pouvaient s'obtenir qu'en s'échelonnant fortement, en évitant les marches rétrogrades et *en ne faisant d'expéditions que pour former des établissemens permanens*, lorsque la nécessité s'en ferait sentir.

Les sages dispositions prises par le général Berthezène ayant un peu ralenti l'ardeur des tribus arabes, le duc de Rovigo, qui le remplaça, eut l'heureuse idée d'employer les troupes à la confection des routes stratégiques qui devaient aller de la ville aux différens camps retranchés, et lier ces camps entre eux ; c'était sans contredit la meilleure mesure qu'il fut possible de prendre pour accélérer et protéger la colonisation.

A la mort du duc de Rovigo, le général Voirol prit le commandement par intérim. Il fit travailler avec activité à la confection des routes et des camps, multiplia les rapports avec les indigènes et donna la meilleure direction possible aux affaires. Pour assurer davantage la tranquillité du Sahel, et augmenter notre action sur la Mitidja, en donnant une base d'opérations plus rapprochée aux colonnes destinées à y agir hostilement, le général Voirol fit tracer, à six lieues d'Alger, le camp de Douéra. Ce camp peut recevoir deux bataillons, deux escadrons, de l'artillerie et du génie. Il eut de plus des magasins et une manutention, afin de pouvoir fournir des vivres à nos colonnes (1).

______

(1) L'emplacement de ce camp, à une grande lieue de la plaine, et dans une position qui n'est point assez culminante, laisse beaucoup à

Une ligne de blockaus, formant nos avant-postes , couvrit alors le massif d'Alger , depuis le fort de l'Eau à l'est, et sur le bord de la mer (à quatre lieues d'Alger), jusqu'au camp de Douéra. Cette ligne passait par la Maison-Carrée (à trois lieues d'Alger), le pont de l'Haratch , le gué de l'Haratch , la Ferme-Modèle (à trois lieues d'Alger), le pont d'Oued-el-Kerma, et Babahassem.

Du camp de Douéra à Alger, la route était échelonnée par différens postes qui s'appuyaient, ainsi que les précédens, sur les camps de la Kouba, Berkadem, Tixeraïm et Déli-Ibrahim. Enfin , les Aribs, tribu des environs de Constantine, qui s'était réfugiée sous notre protection , avait été placée comme extrême avant-poste à l'est , du côté de la Ressauta.

Cette ligne laissait encore à découvert le massif d'Alger du côté du Mazafran et de Koléah ; et cette partie était d'autant plus vulnérable qu'elle avoisine les tribus hostiles, et aux attaques desquelles le Mazafran offre plusieurs gués faciles. Néanmoins les Arabes , ne pouvant sans imprudence s'aventurer en nombre au milieu de ces postes multipliés, les cultivateurs commencèrent à se livrer avec sécurité à leurs travaux; et deux villages européens s'élevèrent, l'un auprès du camp de Déli-Ibrahim, l'autre dans le voisinage de Kouba.

Ainsi, dès qu'on fut arrivé aux vrais principes d'une occupation coloniale , l'agriculture put prendre son développement. Le progrès se fit sentir non seulement à Alger, mais encore sur toute la côte, et bientôt nous établîmes des relations commerciales suivies avec plusieurs points importans.

Bougie entre autres nous offrait tous les avantages que nous pouvions désirer; mais cet état pacifique était peu satisfaisant pour beaucoup d'ambitions particulières. Le

désirer, sans doute ; mais le choix de cet emplacement a été déterminé par l'abondance des eaux qu'on y trouve.

goût des expéditions ne tarda pas à reprendre, et cette ville de Bougie, avec laquelle nous étions dans de si bons rapports que les habitans nous demandaient d'y envoyer un agent, fut désignée comme une conquête très avantageuse, très facile, et surtout indispensable. Ce fut du moins ainsi que quelques officiers représentaient l'opération. L'un de ceux qui avaient fait la reconnaissance de la position prétendait, dit-on, que six cents hommes étaient à peine nécessaires. A Paris on crut à la nécessité de ce coup de main; mais on donna prudemment six fois plus de monde que le prétendu nécessaire, et cependant l'expédition faillit échouer.

On perdit des hommes et de l'argent; mais enfin l'on occupa les ruines de Bougie et même le territoire environnant dans toute l'étendue d'une portée de canon, sans plus. Ce beau résultat des combinaisons élaborées ici, entraîna la perte de nos relations amicales avec les gens du pays. Au lieu d'affaires commerciales nous eûmes des hostilités furieuses, mais les journaux eurent des bulletins; il fallut ensuite employer quatre mille hommes pour garder la position, et y enfouir des sommes énormes pour les travaux du génie et pour le ravitaillement de la garnison. Enfin, douze ou quinze cents hommes périrent dans la première année, par suite des maladies régnantes dans cette localité malsaine.

L'expédition de Bougie nous jeta de nouveau en dehors du système de centralisation qui nous convenait si bien. Pour justifier cette pitoyable opération, ceux qui veulent au contraire disséminer toutes nos forces en Afrique, présentent le mouillage de Bougie comme étant le meilleur de la côte pour recevoir les bâtimens de guerre. Mais dans cette supposition, n'eût-il pas été possible de s'emparer de la rade, sans se lancer dans les énormes dépenses faites pour mettre en état de défense une ligne trop étendue, et qui nécessitait une garnison nombreuse?

Ne pouvait-on pas construire quelques ouvrages de peu de développement pour commander le mouillage, si le fort actuel ne suffisait point pour cela (1)? C'était le seul parti convenable à prendre, puisqu'on avait cru devoir sacrifier encore les intérêts du commerce à de vaines ambitions. Un petit fort aurait parfaitement, et sans beaucoup de dépenses, pu résister aux attaques de l'ennemi. Alors deux ou trois cents hommes, commandés par un officier vigilant, suffisaient pour nous assurer tous les avantages désirables (2). Un brick de guerre aurait pu stationner dans la rade pour appuyer cette petite garnison, et la recevoir au besoin.

L'occupation de Bougie n'est pas la seule que nous croyons devoir regarder comme inutile et onéreuse. Les généraux qui commandaient à Oran et à Bône, affranchis de la dépendance du général Voirol pendant son commandement par intérim et correspondant directement avec le ministre de la guerre, prenaient toutes les dispositions qui leur convenaient, faisaient la guerre aux Arabes ou signaient des traités. Dans la province d'Oran, le général Desmichels, qui guerroyait alors avec Abd-el-Kader, crut convenable de faire occuper Mostaganem.

Un Turc, nommé Ibrahim, occupait cette ville avec un petit corps de ses compatriotes qu'il avait réuni. Cet homme, étranger au pays, n'y ayant aucunes racines, ne pouvait nous inspirer de l'ombrage (3); il avait au contraire intérêt à se maintenir en bonne intelligence avec nous, et s'était mis sous notre protection. Les meilleurs rapports existaient donc entre lui et le général Desmichels.

(1) Il se nomme *fort Abd-el-Kader.*

(2) Il est bien entendu qu'il eût fallu faire sauter tous les autres ouvrages que l'ennemi aurait pu occuper.

(3) Cet Ibrahim, alors kaïd, est le même qui a été dernièrement installé en qualité de Bey, avec les démonstrations d'usage. Une pile de têtes coupées donnait malheureusement un fâcheux caractère à la cérémonie.

C'était, certes , tout ce que nous pouvions désirer, assurés comme nous l'étions de pouvoir occuper Mostaganem sans nulle difficulté, si les besoins de la colonisation nous y engageaient par la suite. On ne peut donc s'expliquer le prétendu besoin de remplacer cette occupation , qui ne coûtait rien, par celle d'un bataillon des troupes françaises. La ville est située à une demi-lieue de la mer, et l'on ne peut aborder la côte qu'avec un calme plat; par terre , elle est à vingt-cinq lieues d'Oran , et le ravitaillement serait par conséquent fort difficile si l'ennemi voulait nous y bloquer. Le bataillon de garnison, pouvant être privé de vivres et de munitions , courait le risque d'être enlevé.

L'occupation d'Arzew n'offre pas les mêmes inconvéniens, et présente des avantages. Cette rade est à environ dix lieues d'Oran par terre, et à cinq lieues par mer. Sa possession met jusqu'à un certain point les tribus de l'ouest sous notre dépendance, en raison des exportations de denrées et des approvisionnemens d'armes et de munitions qu'elles faisaient par là. Du reste , Arzew n'est qu'une rade foraine; il n'y a ni ville, ni habitans, mais seulement des bâtimens d'entrepôt bâtis par les Turcs. Un navire stationnaire eût peut-être suffi pour le commerce ; mais la facilité qu'on a trouvée d'y loger une petite garnison en a déterminé l'envoi, et cette mesure protège efficacement les négocians qui veulent établir des magasins sur la côte. Il y a donc des avantages réels et peu de frais, deux conditions qu'on aurait toujours dû prendre en sérieuse considération pour tout autre établissement que ceux d'Alger, Bône et Oran.

L'occupation de Bougie, ses conséquences sous le rapport financier et sous celui de l'emploi des troupes, empêchèrent sans doute de penser à la Mitidja. Des mesures ajournées ainsi, faute de moyens, étaient cependant réclamées par toute la colonie depuis un temps infini, comme étant de la plus haute importance pour elle, et devant assurer sa prospérité.

La plaine de la Mitidja, située entre le massif d'Alger, le petit Atlas, le Mazafran et la mer, est arrosée par plusieurs cours d'eau. Le territoire que parcourt l'Haratch, plus rapproché d'Alger et de nos positions militaires, a été plus immédiatement aussi sous notre dépendance ; mais les débordemens annuels de cette rivière ont formé des marécages qui rendent malsaine, dans certaines saisons, une partie de ce territoire, et la culture y exige de grands travaux préalables de desséchement. Ces travaux ont été commencés sur divers points par l'administration, et quelques colons y ont entrepris des défrichemens.

Le bassin de l'Hamise est plus éloigné que celui de l'Haratch, et plus malsain encore.

Reste donc le bassin du Mazafran plus élevé, plus salubre, plus fertile que les deux autres. C'est la partie la plus importante de la plaine, et le véritable point de colonisation. Sa possession est indispensable, soit pour la culture des denrées coloniales, que cette localité seule peut produire, soit pour assurer nos relations avec l'intérieur.

Le massif d'Alger, planté d'oliviers et de mûriers, peut fournir de la soie et de l'huile en abondance ; mais c'est dans la plaine qu'on peut se livrer à la culture du coton et de l'indigo. Si l'occupation était réduite au massif d'Alger, comme le voudraient quelques membres de la chambre des députés, notre commerce avec l'intérieur ne serait jamais assuré, car les tribus arabes de la plaine, qui sont les plus turbulentes et les plus adonnées au pillage, intercepteraient continuellement les communications, et rien n'arriverait dans nos marchés que sous leur bon plaisir. Autant vaudrait tout abandonner.

L'occupation de la Mitidja, au contraire, indépendamment des bénéfices d'une riche culture, nous mettrait en rapport avec les tribus laborieuses de l'Atlas ; et nous permettrait d'étendre au loin nos relations commerciales.

Notre domination sur cette plaine était si précaire à l'arrivée du général d'Erlon, et notre action si complétement nulle, que non seulement les Européens n'avaient pu y former des établissemens, mais qu'ils n'osaient même pas se montrer au marché des Arabes, à Bouffarick (trois lieues de Douéra). Ceux qui se hasardaient à y aller sans un fort détachement couraient les plus grands dangers ; par suite, nos marchés d'Alger étaient mal fournis, et chaque jour on apprenait que les coureurs de la plaine avaient pillé les Arabes qui nous apportaient des denrées.

Le comte d'Erlon, nommé gouverneur-général dès le retour à Paris de la commission envoyée pour reconnaître les vrais besoins de la colonie, avait reçu une mission essentiellement administrative. Ce digne vétéran de notre gloire militaire, dont le caractère et la haute probité sont restés si purs, avait trop de lumières pour ne pas comprendre tout de suite que l'avenir agricole de la colonie était dans la possession de la plaine. Il prépara ses opérations en la faisant fréquemment parcourir par des détachemens français ; ces détachemens, sous les ordres d'un officier ayant le titre *d'aga*, se tenaient à une petite distance de Bouffarick tous les jours de marché : ils protégeaient ainsi les Européens qui devaient s'y rendre, et les Arabes qui voulaient apporter leurs denrées en ville. L'effet de ces mesures fut prompt, et les Arabes s'habituant à notre présence, l'aga prit de l'autorité, et devint par le fait chargé de la haute police du marché. Bientôt aussi les produits de l'intérieur abondèrent sur la place d'Alger, et les huiles commencèrent à s'exporter pour l'approvisionnement des savonneries de Marseille.

Ces premières dispositions ayant fait comprendre aux populations l'avantage des relations commerciales avec nous, le comte d'Erlon résolut de former, dès que les circonstances le lui permettraient, un camp retranché à

Bouffarick et sur l'emplacement même du marché. Ce point étant le plus élevé de la plaine , offre le plus d'avantages sous tous les rapports. Il est salubre ; on y trouve quelques arbres et des eaux abondantes. Après avoir préalablement prolongé jusqu'à Bouffarick la route qui finissait à Douéra , et avoir échelonné par des postes la distance de trois lieues qui sépare ces deux positions , un camp retranché fut commencé par les troupes ; les travaux furent poussés avec vigueur , et terminés en quelques semaines. Ce nouveau camp peut recevoir trois bataillons d'infanterie , et de l'artillerie ; le *réduit* permet d'y laisser seulement deux cents hommes d'infanterie et cent chevaux pour le garder, soit dans les plus fortes chaleurs, soit lorsqu'il devient nécessaire d'employer les troupes ailleurs (1).

Les tribus pillardes de la plaine comprenant toute la portée que devait avoir l'établissement d'un camp à Bouffarick, essayèrent d'en arrêter les travaux par des représentations ; n'ayant pu y parvenir, les Hadjoutes firent des démonstrations d'attaque qui n'eurent pas plus de succès. Nos soldats quittèrent la pioche pour prendre le fusil, et l'ennemi fut mis en fuite. Enfin , pour faire une diversion , trois ou quatre cents cavaliers traversèrent de nuit les gués du Mazafran au-dessus de Koléah , et se jetèrent sur la route de Douéra à Déli-Ibrahim. Mais le général Rapatel accourut , et ils furent obligés de se retirer en toute hâte. Le seul résultat de l'incursion des Arabes fut de fournir l'occasion de dire à Paris, qu'ils étaient en force aux portes d'Alger.

(1) Le gouverneur général, qui n'avait pas assez de fonds à sa disposition pour l'établissement de ce nouveau poste , y suppléa en faisant faucher par les soldats les prairies de la plaine ; de sorte que le camp ne coûta rien à la colonie. L'armée d'Afrique, juste appréciatrice de son digne chef, donna au camp le nom de *Camp d'Erlon*. Ce bel établissement militaire est le premier jalon de la domination française dans la Mitidja et le premier gage d'avenir donné à la colonie.

. Toutefois, cette affaire fit sentir la nécessité d'observer les gués du Mazafran, et de couvrir le massif d'Alger de ce côté. En conséquence, un nouveau camp fut établi à Mahelma, point culminant de cette partie du Sahel, à une lieue de Coléah. Ce camp compléta le système de défense du massif d'Alger jusqu'alors imparfait. Une belle route praticable aux voitures, réunit le poste de Mahelma et celui de Douéra qui en est éloigné de deux lieues.

Ces établissemens multipliés influèrent d'abord sur les dispositions des Arabes ; ils ne pouvaient s'habituer à nous voir établis là où, de temps immémorial, ils se rassemblent pour tenir leurs marchés. Néanmoins, guidés par leur propre intérêt et rassurés par nos démonstrations pacifiques, ils se résignèrent peu à peu et finirent par reprendre leurs anciennes habitudes. Leurs marchés eurent lieu sous notre canon même, et dès lors chacun put venir traiter de ses affaires dans ces réunions. Il y eut souvent à Bouffarick plus de deux mille individus venus de différens points de l'intérieur, dont quelques uns très éloignés. Parmi tous ces hommes armés, là où naguère les Européens osaient à peine paraître, des femmes françaises se rendirent sans crainte. Peu à peu l'habitude de voir des Francs modifiant les préventions, des Maures et des Arabes vinrent se mêler à nos soldats dans les cantines. Afin d'augmenter ces bonnes dispositions et faire aimer la civilisation par les secours qu'elle rend à l'humanité, le gouverneur-général protégea la fondation, près de Bouffarick, d'un hôpital où les malades du pays étaient reçus et soignés gratuitement.

Ainsi, nous commencions à entrer en possession de la Mitidja, en y prenant le rôle de protecteurs. Cette politique allait au but sans bruit et ne rompait point par des hostilités inutiles, les relations commerciales qui seules, avec l'agriculture, peuvent vivifier une colonie.

L'organisation administrative à peine ébauchée et fourmillant d'abus de toute espèce avait réclamé la sollicitude du comte d'Erlon dès le moment de son arrivée en Afrique. Il rendit d'abord à la direction des affaires l'unité indispensable, en prescrivant aux généraux de Bône et d'Oran de ne plus correspondre directement avec le ministre de la guerre. Le gouverneur et le conseil d'administration travaillèrent ensuite à donner une impulsion générale et uniforme à tous les services et à toutes les opérations. De nombreuses et utiles dispositions furent les résultats de ces travaux.

L'accroissement progressif du commerce date de cette époque. L'organisation municipale d'Alger, d'Oran et de Bône fit réparer et entretenir des fontaines, des acquéducs jusque là négligés, et entreprendre de grands travaux de salubrité et de communication. Des indemnités furent réglées pour les expropriations d'utilité publique, et les valeurs négociables données en paiement des propriétés détruites, augmentèrent la circulation. Enfin, l'administration de la justice fut organisée et rendue gratuitement à tous ; chose de haute importance aux yeux des indigènes.

Nous avons dû nous étendre sur la direction donnée par le général d'Erlon aux affaires d'Afrique, parce que son rappel subit semble prouver que des services comme les siens, rendus avec tant de désintéressement et de modestie, n'ont pas été appréciés. Nous n'en serions pas étonnés si des esprits superficiels les avaient seuls méconnus.

Le comte d'Erlon, qui avait compris notre position et nos vrais intérêts, se préparait à nommer une commission pour vérifier les titres de tous les propriétaires européens de la régence, lorsqu'il fut remplacé. Ce rappel, aux yeux de tous les hommes éclairés et impartiaux, fut une perte grave pour la colonie. Sans mettre en doute la haute capacité du maréchal Clauzel, sans rien présumer de l'avenir, on peut désirer que son administration fasse pour les véritables intérêts nationaux, ce qu'a fait la précédente (1).

Nous n'examinerons pas si, en bonne politique, les démêlés particuliers de deux tribus (les *Douaires* et les *Smélas*), qui provoquèrent notre rupture avec Abd-el-Kader, devaient nous toucher au point de compromettre pour elles les intérêts positifs de la colonie. Une partie seulement de ces tribus avait imploré la protection française, et l'autre était soumise à l'émir ; Ismaël, le chef des dissidens, avait, dit-on, combattu dans nos rangs. Si la dignité nationale eût été engagée, ce ne serait pas nous qui voudrions en méconnaître les exigences, et nous n'oublierions pas davantage le respect dû au malheur d'un officier de mérite, qui d'ailleurs a noblement assumé sur lui seul toute la responsabilité. Admettons donc que le général Trézel, ayant eu raison de comprendre comme un devoir l'obligation de protéger nos alliés, a dû sortir d'Oran et prendre position pour couvrir leur territoire. C'était là, certes, tout ce qu'on devait attendre de son zèle pour le bien, avec le peu de forces dont il pouvait disposer. Du Figuier, ou même encore du camp du Tlélatt, le général Trézel atteignait ce but sans compromettre ses troupes sur un terrain plus difficile. Éloigné seulement de quelques lieues d'Oran, il pouvait s'appuyer sur cette place, assurer ses communications avec elle, en tirer du secours et y envoyer ses malades.

La présence du général Trézel dans cette position avantageuse, aurait obligé Abd-el-Kader à rassembler lui-même des forces considérables. Les tribus dont une telle armée se compose n'apportent de vivres avec elles que pour un

____

(1) L'ordonnance qui remplaçait le comte d'Erlon était déjà signée, quand le général Trézel, commandant d'Oran, éprouva l'échec de la Macta. Cette malheureuse affaire ne fut donc pas la cause de son rappel, ainsi qu'on l'a répandu alors dans le public. Du reste l'événement qui est venu changer un état de choses satisfaisant en embarras inextricables était en dehors de toutes prévisions, puisque le général Trézel avait l'ordre précis de n'engager aucune hostilité, et qu'il se crut forcé par les circonstances à ne pas tenir compte de cet ordre.

temps limité. Les vivres consommés, chacun se disperse pour faire de nouvelles provisions, à moins que le chef ne soit en état d'y pourvoir.

Abd-el-Kader ne pouvait donc tenir long-temps la campagne avec des forces considérables. Placé entre la crainte de se voir attaqué et la nécessité de disperser ses guerriers faute de vivres, sa position était assez embarrassante pour le porter à des arrangemens. C'est ce qu'il eût fait indubitablement si le général Trézel s'était contenté de l'attendre dans un poste où tout l'avantage était de son côté. Les démarches officielles de l'émir auprès du gouverneur-général indiquent assez qu'il désirait vivement voir son intervention ramener la paix.

Abd-el-Kader, en politique rusé (1), s'était jusqu'alors appuyé de l'amitié et de l'alliance des Français pour relever son importance et intimider ses ennemis. Ces avantages, et ceux d'un commerce lucratif, lui faisaient regretter des relations qui consolidaient son autorité et augmentaient ses ressources. Enfin, alors, il ne se croyait pas assez fort pour lutter contre nous. Nul doute qu'il ne fût nécessaire de maintenir Abd-el-Kader dans de justes bornes; mais il faut croire que les intrigues tramées contre lui à Oran par Ismaïl, son ennemi personnel, entraient pour beaucoup dans le désir extrême qu'il avait, dit-on, manifesté de faire éloigner de cette place les Douaires et les Smélas, qui lui étaient hostiles.

Ce que l'on doit croire aussi, c'est que le général Trézel pouvait obtenir de bons résultats par les simples démonstrations qu'il avait faites, et sans autrement tirer l'épée. Son mouvement offensif, après avoir laissé à l'ennemi le temps de rassembler ses forces, changea cette position avantageuse : sur le Tlélatt, il était le protecteur naturel de

---

(1) On l'a donné dernièrement pour un ancien *chansonnier*. C'est ainsi qu'on parle ici des affaires d'Alger : on traduit *Marabout* par faiseur de chansons.

nos alliés et couvrait leur territoire; sur le Tsig, il devenait agresseur, et cependant il n'avait plus de point d'appui; sur la Macta, enfin, une chance malheureuse a sanc-
tionné la puissance de cet Abd-el-Kader, simple Marabout,
que le général Desmichels avait commencé à élever au-
dessus des autres chefs arabes, en traitant, au nom de la
France, d'égal à égal avec lui. Ainsi, l'amitié de l'un de
nos généraux pour l'émir, et l'inimitié de l'autre nous
ont été préjudiciables.

Les traités faits par le général Desmichels avec Abd-el-
Kader, antérieurement à l'arrivée du comte d'Erlon en Afrique, avaient dès long-temps éveillé l'attention du gouverneur-général. L'un de ces traités, resté secret, dut être
annulé comme n'ayant pas la sanction du gouvernement.
L'émir prétendait le faire valoir pour l'exportation des
grains à Gibraltar : l'autre traité n'était point assez ex-
plicite et laissait beaucoup à désirer. Sans doute il était
convenable de s'occuper de sa révision et d'établir sur
d'autres bases nos relations avec Abd-el-Kader; mais cela
devait avoir lieu par des négociations, et en supposant qu'il
fût devenu nécessaire de venir à des actes de répression,
au moment où la chambre réduisait l'armée d'Afrique de
dix mille hommes et les fonds de dix millions, était-il sage
d'abandonner le système pacifique? Raisonnablement, on
ne devait pas s'engager dans des hostilités à l'instant du
départ des cinq mille hommes de la légion étrangère.

Ces hostilités intempestives ne pouvaient que nous priver
d'avantages fort réels. Quels sont donc, après tout, les résultats de l'expédition de Mascara, qui a nécessité de si
grands frais et de si longs préparatifs? A-t-on trouvé dans
cette ville les compensations de la Casauba ? non. A-t-on
détruit la puissance de cet Abd-el-Kader? nous le nions
quoi qu'on en dise, et la preuve est dans l'empressement
que l'on a mis à abandonner le prétendu *siége de sa puissance* (après avoir fait le contraire de ce qu'il eût été per-

mis de faire, c'est-à-dire brûlé les maisons des habitans, et laissé debout les fortifications); la preuve est encore dans le refus du bey Ibrahim de s'établir au milieu d'une population qui, depuis l'expédition, n'est ni moins dévouée à l'émir, ni moins hostile pour nous. Elle n'est ni moins dévouée à l'émir, ni moins hostile pour nous, car Abd-el-Kader parcourt tout le pays avec fort peu de monde, prêchant de nouveau la guerre sainte, punissant ceux dont il a eu à se plaindre; et nous, nous sommes à présent, comme auparavant, ne pouvant faire un pas hors d'Oran, d'Arzew et de Mostaganem. Il a fallu renforcer la garnison de cette dernière ville, dont l'occupation est si complètement inutile, et envoyer un bataillon entier avec du canon pour empêcher les prétendus vaincus de venir piller les débris de la *Salamandre.*

Ce qu'on peut dire de mieux de l'expédition de Mascara, c'est qu'elle a prouvé aux Arabes que nous n'étions pas abattus par l'échec de la Macta; voilà tout. Et, on doit convenir qu'ils n'avaient pas besoin de cela pour savoir apprécier la valeur française. Tout le monde voit maintenant à quoi se bornent les résultats : c'est à la défection de quelques chefs, dont l'émir saura bien se passer, si toutefois ils ne sont pas secrètement d'accord avec lui. Cela ne valait pas la peine d'exposer la vie d'un de nos princes, la vie de nos soldats, ni même de dépenser tant d'argent ; et nous ne voyons pas en quoi l'état d'anarchie actuel du pays serait plus favorable à la colonisation et au commerce que la domination pacifique d'Abd-el-Kader.

Mais, sans revenir d'avantage sur ce qui a été fait, nous demanderons où peuvent nous mener d'autres expéditions; et en quoi toutes ces créations de beys, dans des pays où nous ne pouvons pénétrer qu'avec de fortes colonnes, peuvent être favorables à nos intérêts. On peut apprécier l'influence et l'autorité de ces beys par la nécessité où nous sommes de garder nous-mêmes Ibrahim au milieu de ses *sujets*. Ces sujets-là sont cependant les Douaires et les Smélas, alliés ou soi-disant alliés pour lesquels nous nous battons, et qui, après nous avoir laissé aller seuls à la Macta, où ils eussent été fort utiles, se sont sauvés de Mascara avec les chameaux que nous avions requis d'eux et qui portaient nos munitions. Ce sont ces mêmes alliés qui, déjà las du bey que nous leur avons donné, demandent aujourd'hui qu'on le remplace par El-Mezary. Aussi faut-il attendre que, malgré la précaution d'établir sa capitale à Mostaganem, Ibrahim ira bientôt rejoindre à Alger ses collégues de Médéah, de Cherchel, de Titerie et autres, les fonctionnaires *in partibus* qui s'y trouvent déjà.

Nous le répétons, ce mode de domination générale doit entraîner de trop grands frais pour être compatible avec les économies sans cesse réclamées. On se croit obligé, en France même, d'avoir de fortes garnisons sur divers points du royaume, et l'on voudrait dominer en Afrique là où il ne saurait y avoir de troupes. Il serait temps de reconnaître que les actes d'autorité sur des points où nous n'avons aucune action, où il n'y a pas possibilité de les appuyer, sont le vrai moyen de nous déconsidérer aux yeux des populations ; c'est leur montrer notre puissance au-dessous de notre ambition, et leur inspirer à la fois de la défiance et du mépris.

Pour suivre le système actuel du maréchal Clauzel, il faudrait entretenir à Oran seulement un corps de neuf à dix mille hommes avec tout l'accessoire. Pense-t-on que la dépense aurait, aux yeux des chambres, une compensation suffisante dans des bulletins, dans l'occupation d'Oran et le commerce qui pourrait s'y faire ? sur ce point, on ne peut parler de culture.

Nous ne savons si cela peut jamais arriver ; mais ce qu'il y a de certain, c'est que pour le moment le système de guerre et d'expéditions, malgré les spécieux prétextes qu'on lui donne, a déjà porté ses fruits. Les vivres, le pain même, sont à un prix excessif dans nos établissemens de la côte d'Oran ; dans la province d'Alger, les Arabes ont porté de l'autre côté de la Chiffa ce marché de Bouffarick naguère si florissant et si avantageux pour nous. A Alger, il arrive maintenant fort peu de produits de l'intérieur, et l'on peut s'en assurer en consultant les états de mouvement des ports de la régence qui mentionnent les exportations journalières. Avant les hostilités, le commerce de presque toutes les nations maritimes était représenté par des vaisseaux marchands en charge à Alger, Mers-el-Kébir, etc., et sur toutes ces places, le numéraire ne suffisait point à l'achat des denrées apportées par les Arabes. Enfin aujourd'hui les principaux colons ont si peu de confiance dans le système adopté, qu'ils cherchent à se défaire de leurs propriétés. Ces faits sont notoires ; la comparaison est facile à faire, et cet état de choses plus clair que des promesses. Cependant beaucoup de gens crient que tout va bien, et c'est une preuve qu'il y a plus d'agioteurs spéculant sur les besoins des troupes, que de véritables colons. Il faut savoir si la France doit faire les frais de leurs fortunes.

La nécessité absolue de rejeter un système dispendieux, et de réduire à la plus stricte économie les dépenses de l'occupation, est d'ailleurs commandée par notre position de puissance continentale. L'histoire nous montre toujours la France formant une marine et des colonies en temps de paix, et perdant ses établissemens avec sa marine durant la guerre. Les colonies sont donc chose secondaire, et nous ne pouvons, pour des colonies, faire des sacrifices trop onéreux, puisque malheureusement une guerre maritime peut nous les enlever. Celles d'Alger, au milieu des populations fanatiques, ne feraient sans doute pas exception.

En livrant ces réflexions au public, nous n'avons point

voulu faire de l'opposition , mais seulement signaler ce que nous croyons être de l'intérêt général. Nous ne nous permettrons pas de décider si une colonie qui, bien administrée, peut fournir des denrées et des matières premières dont nous avons besoin , *serait remplacée avantageusement par des traités de commerce avec les nations américaines*. Nous convenons que sa proximité la rend très importante , que les stations navales, les débouchés qu'elle nous peut offrir méritent d'être pris en considération. Mais si l'abandon de la régence ne peut être proposé aujourd'hui sans léser de nombreux intérêts ; si l'orgueil national serait blessé de voir le drapeau tricolore forcé de quitter un pays conquis sous la restauration ; si l'opinion publique , enfin , commande impérieusement de garder Alger, du moins faut-il donner à cet établissement des bases qui le rendent moins onéreux. Jusqu'à présent les contribuables de France ont payé les bénéfices que procure l'occupation à tous les faiseurs d'affaires qui inondent la régence ; il est temps de faire cesser cet état de choses.

Revenons donc à la marche plus pacifique et plus judicieuse que voulait suivre le comte d'Erlon en ne laissant à Oran que la garnison nécessaire à la défense de la place, et portons le reste des troupes à Alger, afin de nous emparer immédiatement de la plaine de la Mitidja par de nouveaux camps à Blida et à Koléah. ¡De cette manière nous engraisserons moins de fournisseurs, mais nous agirons d'une manière conforme aux nécessités de notre position en Afrique. En nous occupant beaucoup moins des démêlés des indigènes, nous éviterons de grands inconvéniens , la culture et le commerce y gagneront.

Cessons de disséminer nos forces et ne gardons que les points véritablement utiles ; nous serons moins vulnérables. De la Mitidja, ce foyer de la colonisation, notre action s'étendra bientôt assez loin pour assurer nos relations commerciales. Si alors Abd-el-Kader ou d'autres ennemis veulent nous attaquer, ils nous trouveront dans toute la supériorité que nous donne notre organisation dans une guerre défensive. Mais loin de nous attaquer, il est probable que notre fermeté conciliante et notre modération, ainsi que leur propre intérêt et leur expérience de notre force ramèneront les Arabes à de bonnes relations avec nous, sans que la dignité de la France puisse en souffrir la moindre atteinte.

Si, au contraire, nous persistons dans un système qui nécessitera d'interminables et coûteuses expéditions, l'abandon de la colonie finira par prouver que ce système, très favorable aux ambitions particulières, ne pouvait s'accorder avec les exigences du budget.

FIN.

Imprimerie de P. Baudouin, rue Mignon, 2.